El niño
nuevo
en Bali

por Eve Beck
ilustrado por Nicole Wong

Scott Foresman
is an imprint of

Glenview, Illinois • Boston, Massachusetts • Chandler, Arizona
Upper Saddle River, New Jersey

Every effort has been made to secure permission and provide appropriate credit for photographic material. The publisher deeply regrets any omission and pledges to correct errors called to its attention in subsequent editions.

Unless otherwise acknowledged, all photographs are the property of Pearson.

Photo locations denoted as follows: Top (T), Center (C), Bottom (B), Left (L), Right (R), Background (Bkgd)

Illustrations by Nicole Wong

12 ©Adrian Arbib/CORBIS

ISBN 13: 978-0-328-53384-8
ISBN 10:   0-328-53384-X

Mi nombre es Daniel. En su trabajo, mi papá ayuda a granjeros de muchos lugares. Este verano fuimos a Bali. Es un país en una isla del océano Índico. Allí los niños no saben inglés. Hablan indonesio, su propio idioma. Yo no sabía ese idioma, pero todos sabíamos jugar futbol.

Mi nuevo amigo Ketut me enseñó la palabra *makanan*. Quiere decir "comida". Mi papá y mi mamá aprendieron sólo un par de palabras en indonesio. Yo aprendí pronto y los ayudé mucho.

La comida era muy sabrosa. Comimos arroz frito, pollo y helado. Allí se puede comer con la mano, sin cubiertos. Todos en Indonesia lo hacen, excepto mamá y papá.

Nuestra casa en Bali se llamaba *rumah*.
La puerta de entrada estaba en medio de un
muro. Teníamos un lindo jardín con palmeras.
Además, había un árbol pequeño en el medio.

En una casa *rumah* los cuartos están separados. La cocina es un edificio y el baño es otro edificio. La sala es un espacio sin paredes. Mi cuarto era como mi propia casita. Al principio me daba miedo de noche. Pero luego comenzó a gustarme.

En Bali la gente va al templo, no a la iglesia. Las familias andan en motocicleta, no en carro. La familia de Ketut nos llevó a un templo.

Vimos una función de títeres en el templo. Duró toda la noche. Me quedé dormido en medio de la función. Aun así, fue la mejor noche de nuestro verano en Bali.

Ya regresé a California. Ahora estoy en segundo grado. Aquí no soy diferente. Me visto como mis amigos. Como con tenedor y cuchillo. El baño está en el pasillo.

Estoy contento en casa, pero extraño ser el niño nuevo.

Pienso mucho en Bali. Allá yo era diferente. Además de ser el niño nuevo, yo era alguien especial. Eso me hace sentir muy bien.

Granjas en todo el mundo

Leamos juntos

En este cuento, leíste que el padre de Daniel ayudaba a los granjeros en Bali. ¿Sabías que existen comunidades de granjeros en todo el mundo? Una granja es un lugar donde se cultivan plantas o se crían animales como alimento. En Indonesia hay muchas granjas de arroz. En los Estados Unidos muchas granjas cultivan trigo. En Kenia, hay granjas que crían cabras por su leche.

Granja de cabras en Kenia